Inhalt

Ein Wettreiten mit Folgen	**4**
Bibi und Tina haben eine Idee	**10**
Doktor Eichhorn kommt	**16**
Bibi macht alles wieder gut	**22**
Hufeisen-Quiz	**28**
Lese-Führerschein	**32**

Ein Wettreiten mit Folgen

Es ist ein schöner Sommertag.
Bibi und Tina schwingen sich
auf ihre Pferde.
„Wer zuerst am Mühlenbach ist!",
ruft Bibi übermütig.
Tina ist begeistert:
„Na warte, diesmal gewinne ich!"

Lachend jagen die beiden
über die Wiesen.
Plötzlich springt vor ihnen
ein erschrecktes Reh auf.
Es verschwindet im Wald.

Doch was ist das?
Durch das Gras
humpelt ein Kitz!
Es versucht,
seiner Mutter zu folgen,
aber es ist am Bein verletzt.

Bibi springt von Sabrina
und läuft zu dem Kitz.
Vorsichtig streichelt sie es.
„Hab' keine Angst",
flüstert sie ihm leise ins Ohr.

Tina ist entsetzt:
„Bibi! Was machst du denn?
Man darf Kitze nicht anfassen.
Jetzt nimmt es die Mutter
nicht mehr an!"

Auweia!
Das hatte Bibi
vor Aufregung ganz vergessen.
„Ich wollte ihm doch nur helfen",
erklärt sie Tina verzweifelt.

Bibi und Tina haben eine Idee

Das Rehkitz fiept aufgeregt.
„Es ruft nach seiner Mutter.
Sicher hat es Hunger",
überlegt Tina.
Tatsächlich saugt es jetzt sogar
an Bibis kleinem Finger.

Bibi ist noch immer betrübt.
„Wie können wir dem Kleinen
nur helfen?",
fragt sie Tina.

„Ich habe schon mal ein Kälbchen
mit der Flasche aufgezogen",
berichtet Tina.
„Das geht auch mit einem Kitz.
Aber wie bringen wir es
auf den Martinshof?"

Sofort legen die Freundinnen los.
Aus Ästen, Zweigen und Blättern
basteln sie eine weiche Trage.
Das Reh sieht vom Wald aus zu,
traut sich aber nicht,
näher zu kommen.

Tina bindet die Trage
am Sattel von Amadeus fest.
Vorsichtig legen sie
das Kitz darauf.
Dann traben alle langsam in
Richtung Martinshof los.

Doktor Eichhorn kommt

Bald kommt die kleine Gruppe
auf dem Martinshof an.
Alle Tiere begrüßen das Kitz.
Und das Kleine?
Es reckt neugierig den Hals.

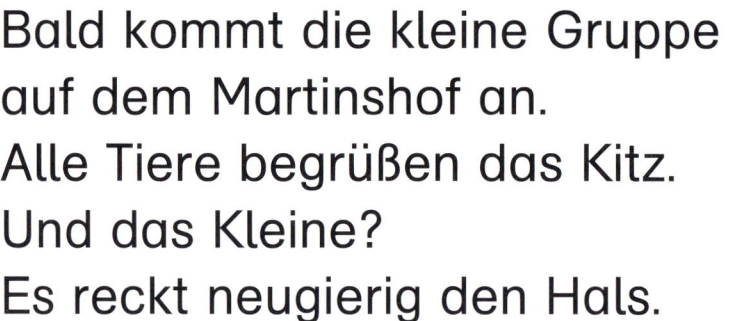

Bibi gibt ihm die Flasche.
Das Kitz trinkt gierig.
„Das machst du aber gut",
freut sich Bibi.

Tina ruft inzwischen den Tierarzt an. Zum Glück kann Doktor Eichhorn gleich zum Martinshof kommen. Sorgfältig untersucht er das Bein von dem kleinen Kitz.

„Euer Rehkitz hat Glück gehabt", erklärt der Tierarzt erleichtert. „Das Bein ist nicht gebrochen. Es ist nur geprellt."

Doktor Eichhorn
trägt eine Salbe auf und
legt einen kleinen Verband an.
„Der wird das Kitz nicht stören",
erklärt er den Mädchen.
„Bald kann es wieder springen!"

Tina ist erleichtert.
Bibi kann sich aber
gar nicht richtig freuen.
„Trotzdem muss das Kitz
ohne Mutter aufwachsen",
seufzt sie unglücklich.

Bibi macht alles wieder gut

Aber Doktor Eichhorn erklärt:
„Mit dem verletzten Bein
hätte die Mutter ihr Kitz
zurücklassen müssen.
Alleine kann es
noch nicht überleben.
Ihr habt es also gerettet!"

Er sieht Bibi lächelnd an:
„Du weißt, ich mag es nicht,
wenn du Tiere gesund hext.
Aber einen Geruch wegzuhexen
fände ich in Ordnung."

Jetzt kann Bibi wieder lachen.
„Super!", ruft sie vergnügt.
„Ich weiß auch schon
den passenden Hexspruch.
Eene meene ..."

Doch plötzlich
fällt Tina ihr ins Wort.
„Moment, Bibi!", ruft sie.
„Erst müssen wir das Kitz
zu seiner Mutter zurückbringen!"

Kurz darauf sind Bibi und Tina
mit dem Kitz auf der Wiese.
Bibi hext entschlossen:
„Eene meene Küchentuch,
verschwunden ist aller Geruch!
Hex-hex!"

Bibi und Tina ziehen sich
auf den nahen Hochsitz zurück.
Bald nähert sich die Rehmutter.
Freudig leckt sie ihr Kitz ab.
„Ende gut, alles gut",
flüstert Bibi glücklich.

Hufeisen-Quiz

1  **Wohin wollen Bibi und Tina reiten?**

G ○ zum Mühlenbuch
K ○ zum Mühenbach
W ○ zum Mühlenbach

2  **Welches Tier erschreckt sich?**

E ○ ein Reh
B ○ ein Regenwurm
C ○ ein Schaf

3 Warum kann das Kitz seiner Mutter nicht folgen?

- **H** ○ Es sitzt in einer Falle.
- **T** ○ Es humpelt.
- **P** ○ Es ist angebunden.

4 Was sollte man nie mit einem Kitz in der Natur tun?

- **T** ○ es anfassen
- **L** ○ es dressieren
- **Ö** ○ es füttern

5 Wie bringen Bibi und Tina das verletzte Kitz zum Martinshof?

- **D** ○ Sie legen ihm einen Gips an.
- **Ä** ○ Sie rufen einen Tierkrankenwagen.
- **R** ○ Sie bauen eine Trage.

6 Wer kümmert sich gleich um das Kitz?

- E ○ Tierarzt Doktor Eichhorn
- M ○ Frau Martin
- O ○ Graf Falko von Falkenstein

7 Freut sich Bibi über das gesunde Kitz?

- R ○ Ja, Bibi hat keine Sorgen mehr.
- I ○ Nur ein bisschen, denn sie glaubt, das Kitz müsste ohne Mutter aufwachsen.
- O ○ Nein, sie mag nur Pferde.

8 Wie tröstet Doktor Eichhorn Bibi?

- A ○ Er spendiert ein Eis.
- T ○ Er sagt, dass die Kinder das Kitz gerettet hätten.
- J ○ Er bringt das Kitz in einen schönen Streichelzoo.

 **Was tut Bibi, damit das Reh sein Kitz wieder erkennt?**

E ◯ Sie hext den Geruch der Menschen weg.

P ◯ Sie lernt die Rehsprache und erklärt der Rehmutter alles.

Q ◯ Sie reibt es mit feuchten Blättern ab.

 **Warum kommt die Rehmutter sofort?**

U ◯ Sie will auf der Wiese fressen.

N ◯ Sie hat in der Nähe auf ihr Kitz gewartet.

G ◯ Sie glaubt, die Menschen würden sie füttern.